K

MW01615215

Botschaft
der Bundesrepublik Deutschland
Washington

*Herzliche Glückwünsche zu besonders
guten Leistungen beim Erlernen
der deutschen Sprache*

Ihr Kulturreferat

MARIE LUISE KASCHNITZ

KURZGESCHICHTEN

GEKÜRZT UND VEREINFACHT FÜR
SCHULE UND SELBSTSTUDIUM

Diese Ausgabe, deren Wortschatz nur die
gebräuchlichsten deutschen Wörter umfasst,
wurde gekürzt und in der Struktur vereinfacht und ist damit den Ansprüchen des
Deutschlernenden auf einer frühen Stufe
angepasst.

**Dieses Werk folgt der
reformierten Rechtschreibung
und Zeichensetzung**

Herausgeber: Ulla Malmmose

Umschlagentwurf: Mette Plesner
Fotos:iStock: SrdjanPav, Lambada, Ysbrandcosijn

Bearbeitet von: Gabriele Becker
Illustrationen: Mogens Svane

© 1960 Claassen Verlag GmbH, Hamburg
© 1975 EASY READERS, Copenhagen
- a subsidiary of Lindhardt og Ringhof Forlag A/S,
an Egmont company.
ISBN Dänemark 978-87-23-54121-5
www.easyreaders.eu
The CEFR levels stated on the back of the book
are approximate levels.

Easy Readers

EGMONT

Gedruckt in Dänemark

MARIE LUISE KASCHNITZ

wurde 1901 in Karlsruhe geboren. Als Kind wohnte sie in Potsdam und Berlin. Sie heiratete den Archäologen Guido von Kaschnitz-Weinberg, den sie viele Jahre nach Italien, Griechenland, Nordafrika und in die Türkei begleitete. Die Begegnung mit der antiken Kultur hat ihr Werk enstscheidend beeinflusst.

M.L.K. begann schon in den zwanziger Jahren zu schreiben, aber erst nach dem Krieg begann ihre eigentliche dichterische Entwicklung. Sie war Mitglied der Akademie für Sprache und Dichtung in Darmstadt. Sie starb 1974 in Rom.

Andere Werke der Autorin:
Lyrik: Totentanz und Gedichte zur Zeit, Dein
      Schweigen-meine Stimme.
Essays: Engelsbrücke, Römische Betrachtungen.
Verschiedene Hörspiele.

INHALT

GESPENSTER

Ob ich schon einmal eine Gespenstergeschichte *erlebt*
habe? O ja, gewiss - ich habe sie bestimmt nicht vergessen und will sie Ihnen erzählen. Aber wenn ich damit zu
Ende bin, dürfen Sie mich nichts fragen und keine Erklä-
rung verlangen. Ich weiß nur so viel, wie ich Ihnen   5
berichte und kein Wort mehr.

Die Sache, die ich im Sinn habe, begann im *Theater*,
und zwar im *Old Vic Theater* in London. Man spielte
Richard II. von Shakespeare. Ich hatte London noch nie
gesehen und mein Mann auch nicht, und wir fanden die   10
Stadt großartig. Wir wohnten ja für gewöhnlich auf dem
Lande in Österreich und natürlich kannten wir Wien

---

die *Gespenster*, die Geister von Toten
erleben, an sich selbst erfahren
das *Theater*, siehe Zeichnung auf Seite 10
Old Vic Theater, bekanntes Theater in London

9

das Theater

der Vorhang →

der Schauspieler

die Bühne

und auch München und Rom. Aber was eine Weltstadt
war, wussten wir nicht. Ich weiß noch, dass wir schon auf
dem Weg ins Theater ein merkwürdiges Gefühl von Freude hatten, und dass wir dann vor dem geschlossenen *Vor-*
5 *hang* saßen wie Kinder. Endlich ging der Vorhang auf, das
Stück fing an. Und während ich aufmerksam allem zusah,
was dort oben geschah, schien Anton nicht recht bei der
Sache, als ob plötzlich etwas anderes seine Aufmerksamkeit gefangen hätte. Als ich mich einmal zu ihm wandte,
10 bemerkte ich, dass er gar nicht auf die *Bühne* sah und

kaum hörte, was dort gesprochen wurde. Er fasste vielmehr eine Frau ins Auge, die in der Reihe vor uns saß, ein wenig weiter rechts. Manchmal wandte sie sich auch zu meinem Mann, und dabei erschien auf ihrem traurigen Gesicht so etwas wie ein Lächeln. 5

Anton und ich waren zu dieser Zeit schon sechs Jahre verheiratet, und ich wusste, dass er hübsche Frauen und junge Mädchen gern ansah. Ich *nahm* darum weiter keine *Notiz* von der Frau. Auch als er einmal meinen Arm leicht berührte und mit den Augen zu der Schönen hin- 10 überzeigte, lächelte ich nur freundlich und sah wieder auf die Bühne. In der *Pause* aber gab es kein Weglaufen.

Anton ging nämlich, so schnell er konnte, aus der Reihe und zog mich mit sich zum Ausgang. Ich begriff, dass er dort warten wollte, bis die Unbekannte an uns vorüber- 15 ging, wenn sie ihren Platz verließ. Es zeigte sich nun auch, dass sie nicht allein war, sondern zusammen mit einem jungen Mann. Er hatte, wie sie selbst, eine feine, helle Gesichtsfarbe und helles, rotes Haar und sah müde aus.

Besonders hübsch ist sie nicht, dachte ich, und beson- 20 ders gut angezogen auch nicht - in Rock und *Pullover*, wie zu einem Spaziergang über Land. Ich wollte nun gern draußen auf und ab gehen und begann über das Stück zu

der Pullover

Notiz nehmen, bemerken
die Pause, die kurze Ruhezeit

11

sprechen; aber ich merkte schon, dass es keinen Sinn hatte.

Anton ging nämlich nicht mit mir hinaus und er hörte mir auch gar nicht zu. Er sah die ganze Zeit in fast unhöflicher Weise zu dem jungen Paar hinüber, das jetzt aufstand und auf uns zukam. Sie gingen merkwürdig langsam, fast wie im Schlaf. Er kann sie nicht *ansprechen*, dachte ich, das tut man hier nicht. Das tut man nirgends, und hier überhaupt nicht. Nun ging das Mädchen schon ganz nahe an uns vorbei, ohne uns anzusehen.

Das *Programm* fiel ihr aus der Hand. Anton nahm sofort das glatte Heftchen auf. Aber statt es zurückzugeben, bat er, es sehen zu dürfen. Er warf dann auch einen Blick hinein und sagte in seinem schlechten Englisch alle möglichen dummen Sachen über das Stück und die *Schauspieler*. Endlich sagte er den Fremden seinen und meinen Namen und wollte ihnen die Hand geben. Das Mädchen sah nicht auf die Hand, nannte auch keinen Namen, sondern sagte nur: »Wir sind Bruder und Schwester.« Der *Klang* ihrer Stimme war weich und süß und gab mir ein merkwürdiges Gefühl. Bei diesen Worten wurde Anton rot wie ein Junge, und wir gingen nun hin und her und redeten über unwichtige Dinge. Das fremde Mädchen blieb ein paar Mal stehen und lächelte Anton zu. Und dann mussten wir zurück auf unsere Plätze, und ich hörte zu und sah zu und vergaß die englischen *Geschwister*. Aber Anton vergaß sie nicht. Er blickte nicht mehr so oft zu ihnen, aber ich merkte doch, dass er nur auf das Ende des

---

ansprechen, zu jemand sprechen
das Programm, ein Zettel, auf dem alles über das Spiel steht
der Schauspieler, siehe Zeichnung auf Seite 10
der Klang, der Ton
die Geschwister, Bruder und Schwester

Stückes wartete. Als der Vorhang gefallen war, wartete er nicht länger. Er drängte zu den Geschwistern hinüber und sprach mit ihnen. Dann drückte er sich an den ruhig wartenden Leuten vorbei und kam bald mit allen unseren Hüten und Mänteln zurück. Mir gefiel diese Freundlichkeit nicht und ich war sicher, dass sich unsere neuen Bekannten am Ende kühl von uns wenden würden.

Es kam aber alles ganz anders. Als wir vor die Tür traten, regnete es stark und kein Wagen war zu haben. Dann drängten wir uns alle vier in das einzige Auto, das Anton schließlich finden konnte. Das brachte uns alle zum Lachen und machte auch mich wieder fröhlich.

»Wohin?«, fragte Anton und das Mädchen sagte mit seiner hellen, süßen Stimme: »Zu uns.« Es nannte dem Fahrer Straße und Hausnummer und bat uns zu einer Tasse *Tee*. »Ich heiße Vivian«, sagte sie, »und mein Bruder

der Tee

heißt Laurie, und wir wollen uns mit den *Vornamen* nennen.« Ich sah das Mädchen von der Seite an und fand es nun viel lebhafter. Als wir ankamen, bezahlte Anton den Fahrer, und ich stand da und sah mir die Häuser an. Sie waren alle in einer Reihe gebaut und alle völlig gleich: schmal, mit kleinen Gärten, in denen überall dieselben Pflanzen wuchsen.

---

der Vorname, der erste Name

Ich dachte: »Wie schwer es doch sein muss, ein Haus hier wiederzuerkennen.« Ich war fast froh, im Garten der beiden etwas Besonderes zu sehen, nämlich eine Katze aus Stein.

5   Nun hatte Laurie die Eingangstür geöffnet und er und seine Schwester stiegen vor uns eine Treppe hinauf. Anton sagte leise: »Ich kenne sie, ich kenne sie gewiss. Ich weiß nur nicht, woher.« Oben verschwand Vivian gleich, um das Teewasser zu kochen.

10   Anton fragte ihren Bruder, ob sie beide in letzter Zeit gereist waren und wohin? Laurie antwortete langsam, als ob er sich nicht erinnern könnte, und sah unglücklich aus.

»Er ist nicht ganz richtig im Kopf«, dachte ich, »alles ist nicht ganz richtig.« Es war ein merkwürdiges Haus, so
15 still und dunkel und die Möbel nicht sauber; so als wohnte schon lange niemand hier. Es gab kein Licht und wir mussten *Kerzen* benutzen, von denen sie viele hatten. Das sah hübsch aus und gab Wärme und Freundlichkeit. Die Tassen, die Vivian hereinbrachte, waren sehr hübsch, mit
20 einem feinen, blauen Muster. Der Tee war stark, Zucker und Milch gab es dazu nicht.

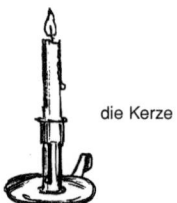

die Kerze

»Über was sprecht ihr?«, fragte Vivian und sah Anton an. Mein Mann wiederholte seine Frage. »Ja«, antwortete Vivian sofort, »wir waren in Österreich, in -.« Aber
25 nun konnte auch sie den Namen nicht sagen und sie blickte unsicher auf den runden Tisch.

In diesem Augenblick zog Anton sein *Zigarettenetui* heraus, ein flaches Etui aus Gold, das er von seinem Vater bekommen hatte. Er öffnete es, reichte uns allen eine Zigarette und dann machte er es wieder zu und legte es auf den Tisch. Das wusste ich noch genau am nächsten 5 Morgen, als er es nicht finden konnte.

das Zigarettenetui

Vivian stand plötzlich auf und machte das Radio an. »Wir wollen *tanzen*«, sagte sie und sah meinen Mann an, und Anton stand sofort auf und legte den Arm um sie. Ihr Bruder machte keinen Versuch, mit mir zu tanzen, und so 10 blieben wir am Tisch sitzen und hörten der Musik zu. Wir sahen auf das Paar, das sich nun in dem großen Zimmer hin- und herbewegte.

»So kühl sind Engländerinnen also doch nicht«, dachte ich. 15

Vivians kleine Hände hielten die Arme meines Mannes ganz fest und ihre Lippen bewegten sich, als wollte sie um Hilfe rufen. Anton, der damals noch ein kräftiger junger Mann war, bemerkte davon nichts. Er sah ruhig und liebevoll auf sie herunter und manchmal blickte er auf dieselbe 20 Weise auch zu mir hin. Er meinte wohl: Mach dir keine Gedanken, es geht vorüber, es ist nichts. Der Tanz wollte kein Ende nehmen. Vivian tanzte so leicht, und doch musste Anton am Ende alle seine Kräfte brauchen. Sein Gesicht war nass und ich hörte seinen schweren *Atem*. Lau- 25

---

tanzen, sich zu Musik bewegen
der Atem, die Luft, die man einzieht und ausstößt

rie, der müde neben mir saß, fing an, zu der Musik auf den Tisch zu schlagen. Dazu brauchte er seine Finger, den Teelöffel und das Zigarettenetui. Dadurch bekam die Musik etwas Drängendes und eine plötzliche Unruhe ergriff mich.

5 »Sie haben uns gefangen«, dachte ich, »sie wollen unser Geld, sie wollen uns etwas tun.« Aber gleich darauf dachte ich: »Was für ein verrückter Gedanke! Wer sind wir denn? Unwichtige Fremde, Theaterbesucher, die nichts bei sich haben als ein bisschen Geld, um vielleicht etwas essen zu

10 gehen.« Plötzlich wurde ich sehr müde. Hatte nicht der Tee, den wir getrunken hatten, ungewöhnlich stark geschmeckt? Und hatte Vivian nicht die Tassen gefüllt hereingebracht? »Fort«, dachte ich, »nach Hause ins Hotel«, und suchte wieder den Blick meines Mannes. Er sah aber

15 nicht zu mir her, sondern hielt jetzt die Augen geschlossen.

»Wo ist das Telefon?«, fragte ich unhöflich. »Ich möchte einen Wagen bestellen.« Laurie griff sofort hinter sich, dort stand der Apparat; aber als er den *Hörer* nahm,

der Hörer

war kein Ton zu hören. Anton war jetzt aufmerksam

20 geworden und er blieb stehen und löste seine Arme von dem Mädchen. »Es ist spät«, sagte mein Mann, »ich glaube, wir müssen jetzt gehen.« Die Geschwister hatten nichts dagegen, nur noch ein paar freundliche und höfliche Worte wurden gesagt. Danke für den netten Abend

25 und so weiter, und dann brachte der stille Laurie uns die Treppe hinunter zur Haustür. Vivian blieb oben stehen.

16

Anton wollte ein Stück zu Fuß gehen. Er war zuerst still und sah müde aus und fing dann plötzlich lebhaft zu reden an. Er hatte die beiden bestimmt schon einmal gesehen, und erst vor kurzer Zeit. Wahrscheinlich in *Kitzbühel*, und das war ja auch ein schwerer Name für einen *Ausländer*. Es war ganz natürlich, dass Vivian ihn nicht 5 mehr wusste. Er dachte jetzt sogar an etwas ganz Bestimmtes: eine Bergstraße und Blicke von Auto zu Auto. In dem einen hatte er gesessen, allein, und in dem andern - einem roten Sportauto - die beiden Geschwister. Das Mädchen fuhr. 10

Ein paar Minuten lang hatten sie im langsamen Verkehr neben ihm gestanden; dann fuhren sie an ihm vorbei und schossen davon, gefährlich schnell.

»Ob sie nicht hübsch war und etwas Besonderes?«, fragte Anton gleich darauf. Ich sagte: »Hübsch ja, und 15 etwas Besonderes auch, aber ein bisschen merkwürdig.« Ich sprach von dem schlechten *Geruch* in der Wohnung und von dem Schmutz und von dem toten Telefon. Anton hatte von allem nichts bemerkt und wollte auch jetzt nichts davon wissen. Aber wir waren beide sehr 20 müde und darum hörten wir bald auf zu sprechen. Ruhig fuhren wir nach Hause ins Hotel und gingen zu Bett.

Am nächsten Vormittag wollten wir in die *Tate-Galerie*, und beim Frühstück sprachen wir davon, welche Bilder wir ansehen wollten. Aber gleich nach dem Frühstück 25 konnte mein Mann sein Zigarettenetui nicht finden. Ich sagte ihm, dass ich es auf dem Tisch bei den englischen Geschwistern zuletzt gesehen hatte. Er meinte, dass wir es

---

Kitzbühel, Ort in Österreich
der Ausländer, ein Mensch aus einem anderen Land
der Geruch, etwas, das man riecht
die Tate-Galerie, ein Haus in London, in dem viele Bilder von
bekannten Malern hängen

noch vor dem Besuch der Galerie dort abholen sollten. Wir suchten die Straße auf dem *Stadtplan* und dann fuhren wir mit einem Autobus dorthin.

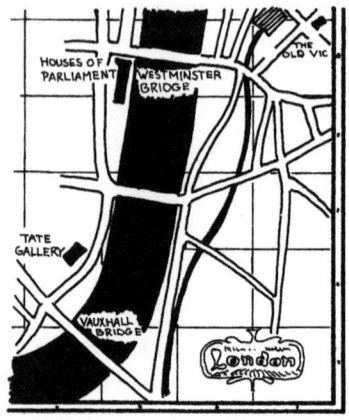

der Stadtplan

Anton war sehr fröhlich und ich auch. Ich hatte alle
5 Unruhe des letzten Abends vergessen und wollte gern unsere neuen Bekannten im Tageslicht sehen. Ohne Mühe fanden wir die Straße und auch das Haus. Wir fanden es nur merkwürdig, dass alle *Läden* herunter waren - vielleicht schliefen sie noch.

10 Auf mein erstes vorsichtiges *Klingeln* rührte sich nichts. Schließlich klingelten wir lange und laut. Ein *Klopfer* war auch an der Tür, und auch diesen brauchten wir am Ende, ohne dass man von drinnen Schritte hören konnte oder Stimmen laut wurden.

15 Schließlich gingen wir fort, aber nur ein paar Häuser weit die Straße hinunter. Dann blieb Anton wieder stehen. »Es ist nicht wegen des Etuis«, sagte er, »aber es kann den jungen Leuten doch etwas geschehen sein.«

---

klingeln, auf die Klingel drücken

18

Und er hatte jetzt nicht die Ruhe, in der Galerie die Bilder anzusehen. Wir gingen also zurück zu dem Haus Nr. 79, das noch genauso still und tot dalag wie vorher.

»Die *Nachbarn*«, sagte ich, »man muss die Nachbarn fragen«, und schon öffnete sich ein Fenster und eine dicke Frau zeigte sich. 5

Wir riefen sie an und versuchten zu erklären, was wir wollten. Einen Familiennamen wussten wir nicht, nur Vivian und Laurie. Aber die Frau schien sofort zu wissen, wen wir meinten. Sie sah uns ängstlich an. »Wir waren 10 hier im Haus«, sagte Anton, »noch gestern Abend. Wir haben etwas vergessen und das möchten wir jetzt abholen.« »Das ist unmöglich«, sagte die Frau mit ihrer scharfen Stimme. »Das Haus ist leer, nur ich habe den *Schlüssel*.« »Seit wann?«, fragte ich schnell und glaubte schon, 15

der Laden

der Klopfer

die Klingel

die Nachbarn, die Leute im Haus nebenan
der Schlüssel, siehe Zeichnung auf Seite 20

dass wir zur falschen Hausnummer gekommen waren. Aber im Garten, im hellen Sonnenlicht, lag die Katze aus Stein.

der Schlüssel

»Seit drei Monaten«, sagte die Frau sehr bestimmt, »seit die jungen Leute tot sind.« »Tot?«, fragten wir.
5 »Aber wir waren gestern zusammen im Theater! Wir haben bei ihnen Tee getrunken und Musik gemacht und getanzt!«

»Einen Augenblick«, sagte die dicke Frau und schlug das Fenster zu. Sie kam auf die Straße hinaus mit einem
10 großen Schlüssel*bund* in der Hand. »Ich bin nicht verrückt«, sagte sie, »ich weiß, was ich sage. Die jungen Leute sind tot. Sie waren mit dem Wagen im Ausland und haben sich dort den Hals gebrochen, in den Bergen, mit ihrem schnellen Fahren.«

15 »In Kitzbühel?«, fragte mein Mann voll Schreck und die Frau sagte: »So hieß der Ort vielleicht, vielleicht auch anders. Diese ausländischen Namen kann doch niemand verstehen.« Sie ging vor uns die Stufen hinauf und machte die Tür auf. Wir sollten sehen, dass sie die Wahr-
20 heit sprach und dass das Haus leer war.

Wir gingen hinter der Frau her. Es roch schlecht und ich fasste auf der Treppe meinen Mann an der Hand und sagte: »Es war einfach eine ganz andere Straße oder wir haben nur *geträumt.* Zwei Menschen können genau denselben
25 Traum haben in derselben Nacht, so etwas gibt es. Und jetzt wollen wir gehen.« »Ja«, sagte Anton, »du hast

---

der Schlüsselbund, Ring mit vielen Schlüsseln
träumen, einen Traum haben

Recht. Was sollen wir hier?« Und er suchte in der Tasche nach Geld, das er der Frau geben wollte für ihre Mühe. Die war aber schon oben ins Zimmer getreten. Wir mussten ihr nachlaufen und auch in das Zimmer hineingehen. Wir hatten schon gar keine Lust mehr und waren ganz sicher, 5 dass das Ganze eine *Verwechslung* oder ein Traum war. »Kommen Sie nur«, sagte die Frau und fing an, einen Laden hochzuziehen. Nicht völlig, nur ein Stückchen, nur so weit, dass man alle Möbel klar erkennen konnte. Besonders einen runden Tisch; einen Tisch, auf dem nur ein ein- 10 ziger Gegenstand lag: ein flaches, goldenes Zigarettenetui.

---

die Verwechslung, einen Menschen oder einen Gegenstand für einen anderen halten

Fragen

1. Woher kommen Anton und seine Frau?

2. Wo beginnt die Gespenstergeschichte?

3. Warum sieht Anton nicht, was auf der Bühne gespielt wird?

4. Wie sehen die beiden jungen Leute aus?

5. Wie sieht die Straße aus, in der die Geschwister wohnen?

6. Was war merkwürdig in dem Haus?

7. Warum will Antons Frau nach Hause?

8. Wo und wann hat Anton die Geschwister früher gesehen?

9. Woran kann man das Haus der Geschwister erkennen?

10. Was erzählt die Nachbarin über die beiden jungen Leute?

11. Warum sind Anton und seine Frau sicher, dass sie die Geschichte nicht geträumt haben?

SCHNEESCHMELZE

der Schnee

Die Wohnung lag im zweiten Stock eines großen, hellen Hauses; auch die Zimmer waren hell und freundlich. Die Küche war *altmodisch*, aber frisch gestrichen, schneeweiß und hübsch, mit Sitzbank und großem Tisch. Draußen war es nicht mehr so kalt, der Schnee wurde weich und 5 fiel vom Dach, am Fenster vorbei. In der Küche stand die Frau, als der Mann von der Arbeit nach Hause kam. Es wurde schon dunkel, es war beinahe sechs Uhr. Sie hörte, wie er die Wohnungstür öffnete und dann wieder schloss, in das Badezimmer ging, zurückkam, die Tür hin- 10 ter ihr öffnete und »Guten Abend« sagte. Da erst nahm sie die Hände aus dem heißen Waschwasser, wandte sich um und sah ihn an.

»Hast du die Tür zugeschlossen?«, fragte sie.

---

schmelzen, flüssig werden
altmodisch, nicht modern

23

»Ja«, sagte der Mann.

»Zweimal?«, fragte die Frau.

»Ja«, sagte der Mann.

Die Frau ging zum Fenster und ließ den Laden herunter.

5 »Mach noch kein Licht«, sagte sie, »es ist ein Loch im Laden. Wenn du etwas davor *nageln* könntest, wäre es gut.«

»Du bist zu ängstlich«, sagte der Mann.

Er ging hinaus und kam mit Hammer, Nägeln und 10 einem Stück Holz zurück. Er nagelte es an, in dem bisschen Licht, das von außen in die Küche fiel. Als er fertig war, ging die Frau sofort hinaus, machte das Licht aus und schloss die Tür. Die Küchenlampe leuchtete hell, und der Mann wusch sich die Hände und setzte sich an den Tisch.

15 »Jetzt will ich essen«, sagte er.

»Ja«, sagte die Frau.

Sie nahm einen Teller mit Wurst und *Fleisch* und stellte ihn auf den Tisch. Das Brot stand schon da.

»Hast du eine Zeitung?«, fragte die Frau.

20 »Ja«, sagte der Mann. Er ging wieder hinaus, kam zurück und legte die Zeitung auf den Tisch.

»Du musst die Tür zumachen«, sagte die Frau. »Das Licht fällt durch die Glastür auf die Treppe. Jeder kann sehen, dass wir zu Hause sind. Was steht in der Zeitung?«, 25 fragte sie.

»Es steht etwas darin vom Mond«, sagte der Mann. Er hatte die Tür zugemacht und sich wieder gesetzt und fing nun an zu essen.

»Das will ich nicht wissen«, sagte die Frau. »Ich will 30 wissen, ob die *Polizei* etwas tut.«

---

nageln, einen Nagel einschlagen
die Polizei, Einrichtung für Ordnung und Sicherheit

das Fleisch

»Ja«, sagte der Mann, »sie haben eine *Liste* gemacht.«

»Eine Liste«, sagte die Frau. »Hast du *Polizisten* auf der Straße gesehen?«

der Polizist

»Nein«, sagte der Mann.

5 »Auch nicht an der *Ecke*?«

»Nein«, sagte der Mann.

Die Frau hatte sich an den Tisch gesetzt, sie aß jetzt auch, aber wenig. Die ganze Zeit hörte sie auf jeden *Laut* von der Straße.

10 »Ich verstehe dich nicht«, sagte der Mann. »Ich weiß nicht, wer uns etwas tun soll und warum.«

»Ich weiß schon, wer«, sagte die Frau.

»Außer ihm weiß ich niemanden«, sagte der Mann, »und er ist tot.«

15 »Ich bin ganz sicher«, sagte die Frau.

»Wir haben ihm nur Gutes getan«, sagte er.

»Das bedeutet nichts«, sagte die Frau.

---

die Liste, die Reihe von Namen
der Laut, der Ton

die Ecke

Sie nahm die Wäsche aus dem Wasser und hängte sie ordentlich über der Heizung auf.

»Weißt du, wie sie es machen?«, fragte sie.

Der Mann sagte: »Nein, ich will es auch nicht wissen. Ich fürchte mich nicht vor ihnen. Nun will ich die *Nachrichten* hören.«

»Sie kommen an die Tür«, sagte die Frau, »aber nur wenn sie wissen, dass jemand zu Hause ist. Wenn niemand aufmacht, drücken sie die Glastür ein; sie kommen ins Zimmer mit dem *Revolver* in der Hand.«

»Hör auf«, sagte der Mann, »Hellmuth ist tot.«

»Ich muss dir etwas erzählen«, sagte die Frau. »Ich wollte es bis jetzt nicht sagen. Damals, als ich abgeholt wurde von der Polizei ...«

Der Mann legte die Zeitung auf den Tisch und sah seine Frau angstvoll an. »Ja?«, fragte er.

»Sie haben mich zu dem Toten geführt«, sagte die Frau, »und dann haben sie das Tuch abgenommen, von den Füßen an.

- Sind das die Schuhe Ihres Sohnes? - haben sie gefragt, und ich habe gesagt - Ja, das sind seine Schuhe. -

- Ist es auch sein Anzug? - haben sie weiter gefragt, und ich habe gesagt: - Ja, es ist sein Anzug. -«

»Ich weiß«, sagte der Mann.

»- Ist es auch sein Gesicht? - haben sie am Ende gefragt und haben das Tuch ganz zurückgezogen. Aber nur einen Augenblick, weil das Gesicht ganz kaputt war, und weil er dachte, ich würde schreien.

der Revolver

---

die Nachrichten, hier: Meldung im Radio

- Ja, - habe ich gesagt, - es ist auch sein Gesicht. -«
»Ich weiß«, sagte der Mann.
Die Frau kam zum Tisch und setzte sich.
»Ich habe ihn nicht erkannt«, sagte sie.
»Er kann es aber gewesen sein«, sagte der Mann. 5
»Er muss es aber nicht gewesen sein«, sagte die Frau.
»Ich bin nach Hause gegangen und habe dir gesagt: - Er
war es, - und du warst froh.«
»Wir waren beide froh«, sagte der Mann.
»Er war ja nicht unser Sohn«, sagte die Frau. 10
»Und er war, wie er war«, sagte der Mann.
Er sah seiner Frau ins Gesicht, ein immer junges, run-
des Gesicht, das sich ganz plötzlich ändern konnte in das
Gesicht einer alten Frau.
»Du siehst müde aus«, sagte er, »du bist unruhig, wir 15
sollten schlafen gehen.«
»Es hat keinen Zweck«, sagte die Frau, »wir können
schon lange nicht mehr schlafen. Wir tun nur so und
machen ganz leise die Augen auf, und dann kommt der
Morgen und unsere leisen Augen sehen sich an.« 20
»Wahrscheinlich«, sagte der Mann, »sollte niemand
ein Kind annehmen. Wir haben einen Fehler gemacht.
Aber jetzt ist es gut.«
»Ich habe den Toten nicht erkannt«, sagte die Frau.
»Er kann trotzdem tot sein«, sagte der Mann, »oder in 25
Amerika, in Australien, weit weg.«
In diesem Augenblick fiel wieder ein großes Stück
Schnee vom Dach und auf die Straße mit einem weichen,
tiefen Laut.
»Weißt du noch, das *Weihnachten* mit dem vielen 30
Schnee«, sagte die Frau.

Weihnachten, der 25. und der 26. Dezember

»Ja«, antwortete der Mann, »Hellmuth war damals sieben Jahre alt. Wir haben ihm einen *Schlitten* gekauft. Er hat noch viele andere Geschenke bekommen.«

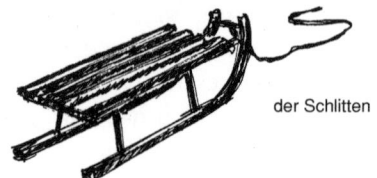

der Schlitten

»Aber nicht, was er wollte«, sagte die Frau. »Er hat
5 alle Geschenke hingeworfen und gesucht und gesucht.

Dann wurde er ruhig und hat ein Haus gebaut, das keine Fenster oder Türen hatte, und eine hohe Mauer darum.

Im Jahr danach hat er das *Kaninchen* getötet«, sagte die
10 Frau.

»Sprechen wir von etwas anderem«, sagte der Mann.

»Weißt du, wie sie sich nennen?«, sagte die Frau.

»Nein«, sagte der Mann, »ich will es auch nicht wissen. Ich will ins Bett gehen oder etwas tun.«

15 Die Frau stand ganz still. Jemand kam die Treppe herauf, blieb einen Augenblick stehen und ging weiter, langsam, bis zum obersten Stock.

»Du machst mich verrückt«, sagte der Mann.

»Als er neun Jahre alt war«, sagte die Frau, »hat er
20 mich zum ersten Mal geschlagen. Weißt du noch?«

das Kaninchen

»Ich weiß es noch«, sagte der Mann. »Sie hatten ihn von der Schule geworfen, und du warst sehr böse auf ihn. Damals kam er in die *Erziehungsanstalt*.«

»In den *Ferien* war er bei uns«, sagte die Frau.

»In den Ferien war er bei uns«, wiederholte der Mann. 5 »Ich ging einmal am Sonntag mit ihm zum Fluss und in den Wald. Auf dem Weg nach Hause legte er seine Hand in meine Hand.«

»Am Tage danach«, sagte die Frau, »schlug er einem Jungen ein Auge aus. Es war sehr unangenehm für uns.« 10

»Wir waren froh, als die Ferien vorbei waren«, sagte der Mann. Er stand auf, holte eine Flasche Bier und stellte ein Glas auf den Tisch. »Willst du auch?«, fragte er.

»Nein, danke«, sagte die Frau. »Er hat uns nicht lieb gehabt.« 15

»Er hat niemanden lieb gehabt«, sagte der Mann, »aber er hat einmal Hilfe bei uns gesucht.«

»Er war von der Anstalt weggelaufen«, sagte die Frau. »Er wusste nicht wohin.«

»Sie haben uns angerufen«, sagte der Mann. »- Wenn 20 der Hellmuth zu Ihnen kommt, - haben sie gesagt, - dann machen Sie ihm nicht auf. Er hat kein Geld und kann sich nichts zu essen kaufen. Wenn der Vogel Hunger hat, kommt er in den *Käfig* zurück.«

»Haben sie das gesagt?«, fragte die Frau. 25

»Ja«, sagte der Mann, »sie wollten auch wissen, ob der Hellmuth Freunde hat in der Stadt.«

»Er hatte aber keine«, sagte die Frau.

»Das war zur Zeit der Schneeschmelze«, sagte der Mann.

---

die Erziehungsanstalt, ein Haus, wo viele schwierige Kinder erzogen werden
die Ferien, die schulfreien Tage
der Käfig, siehe Zeichnung auf Seite 32

der Käfig

»Wie heute«, sagte die Frau.

»Alles wie heute«, sagte der Mann.

»Alles wie heute«, wiederholte die Frau. »Das Fenster dunkel, leise gesprochen, nicht zu Hause gespielt. Das Kind ist die Treppe heraufgekommen und hat geklingelt, um hereinzukommen.«

»Ein Kind war der Hellmuth nicht mehr«, sagte der Mann. »Er war fünfzehn Jahre alt, und wir mussten tun, was man uns sagte.«

»Wir hatten Angst«, sagte die Frau.

Der Mann goss sich das zweite Glas Bier ein. Auf der Straße war es beinahe still, man hörte den Wind, der von den Bergen kam. »Er hat es gemerkt«, sagte die Frau. »Er war schon fünfzehn Jahre alt, aber er hat auf der Treppe geweint.«

»Das ist jetzt alles vorbei«, sagte der Mann.

»Auf der Polizei«, sagte die Frau, »war eine Mutter. Ihr Kind lag da, tot. Sie hat geschrien wie ein Tier.«

»Die Stimme des Blutes«, sagte der Mann böse und machte ein unglückliches Gesicht.

»Er hat doch einmal einen Freund gehabt«, sagte die Frau. »Es war ein kleiner, schwacher Junge. Es war der, den sie auf dem Schulhof angebunden haben. Sie haben Feuer gemacht im Gras vor seinen Füßen, und weil es sehr heiß war, hat das Gras überall gebrannt.«

»Da siehst du es wieder«, sagte der Mann.

»Nein«, sagte die Frau, »Hellmuth war es nicht. Er war auch nicht dabei. Das Kind konnte sich losreißen, aber es

32

ist später gestorben. Alle Jungen sind zu seiner *Beerdigung* gegangen.«

»Der Hellmuth auch?«, fragte der Mann.

»Der Hellmuth nicht«, antwortete die Frau.

»Er hatte kein Herz«, sagte der Mann und fing an, mit 5 seinem leeren Bierglas in den Händen zu spielen.

»Vielleicht doch«, sagte die Frau.

»Es ist so hell hier«, sagte der Mann plötzlich. Er sah auf die Lampe, und dann legte er seine Hand über die Augen und rieb sie mit den Fingern. 10

»Wo ist das Bild?«, fragte er.

»Ich habe es in den Schrank gelegt«, sagte die Frau.

»Wann?«, fragte der Mann.

»Schon lange«, antwortete die Frau.

»Wann genau?«, fragte der Mann wieder. 15

»Gestern«, antwortete die Frau.

»Also hast du ihn gestern gesehen?«, sagte der Mann.

»Ja«, sagte die Frau rasch. »Er stand an der Ecke.«

»Allein?«, fragte der Mann.

»Nein«, sagte die Frau, »mit ein paar Jungen, die ich 20 nicht kannte. Sie standen zusammen, die Hände in den Hosentaschen und sprachen nichts.

Dann hörten sie etwas, was ich auch hörte, ein Zeichen, und plötzlich waren sie alle verschwunden.«

»Hat er dich gesehen?«, fragte der Mann. 25

»Nein«, antwortete die Frau, »ich stieg aus dem Bus, und er stand mit dem *Rücken* zu mir.«

»Vielleicht war er es nicht«, sagte der Mann.

»Ich bin nicht ganz sicher«, sagte die Frau.

Der Mann stand auf. »Das ist es, warum man keine Kin- 30

---

die Beerdigung, den Toten in die Erde Legen
der Rücken, siehe Zeichnung auf Seite 34

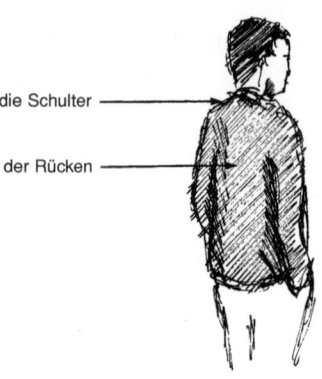

die Schulter ──────

der Rücken ──────

der annehmen soll. Man weiß nicht, was in ihnen liegt.«

»Man weiß von keinem Menschen, was in ihm liegt«, sagte die Frau.

Sie legte eine Rolle schwarzen Faden und eine Nadel
5 auf den Tisch.

»Zieh deine Jacke aus«, sagte sie.

Während der Mann seine Jacke auszog, beobachtete er, wie sie versuchte die Nadel *einzufädeln*. Es war sehr hell in der Küche, und die Nadel war groß. Aber sie konnte ihre
10 Hände nicht ruhig halten, und es gelang ihr nicht.

»Lies etwas für mich«, bat die Frau, als sie bemerkte, dass er sie nicht aus den Augen ließ.

»Aus der Zeitung?«, fragte der Mann.

»Nein«, sagte die Frau. »Aus einem Buch.«
15 Der Mann ging in das Wohnzimmer und kam gleich mit einem Buch zurück. Als er es auf den Tisch legte, hörten sie beide vor dem Fenster die Katze schreien.

»Da kommt sie endlich nach Hause«, sagte der Mann. Er zog den Laden herauf, und die Katze sprang wie ein
20 kohlschwarzer Schatten in die Küche.

---

einfädeln, den Faden durch das Loch in der Nadel ziehen

34

»Miez«, sagte er, und die Katze sprang zu ihm auf den Arm, und er fuhr ihr mit der Hand über den Rücken und sah plötzlich ganz zufrieden aus.

»Lies bitte«, sagte die Frau.

»Von Anfang an?«, fragte der Mann. 5

»Nein«, sagte die Frau. »*Irgendwo.* Irgendwo in der Mitte.«

»Das hat doch keinen Sinn«, sagte der Mann.

»Das hat doch einen Sinn«, sagte die Frau. »Ich will wissen, ob wir *schuldig* sind.« 10

Der Mann öffnete das Buch. Es war irgendeines, das er im Dunkeln gegriffen hatte. Viele Bücher besaßen sie nicht.

»Ich aber«, las er langsam, »erblickte ihn jetzt fast mit Schrecken. Seine starken Züge, die schwarzen Haare, die 15 großen Augen, die mit kaltem Feuer leuchteten, - alles sah ich später lange noch, wie ein gemaltes Bild, vor mir.« Er las noch ein paar Worte weiter, dann legte er das Buch auf den Tisch und sagte: »Daraus erfahren wir nichts.«

»Nein«, sagte die Frau und hielt wieder die Nadel mit 20 der linken Hand gegen das Licht und fuhr mit dem schwarzen Fadenende in ihrer Rechten an der Nadel vorbei.

»Warum willst du es so gern wissen?«, fragte der Mann.

»Wenn wir schuldig sind«, sagte die Frau, »müssen wir 25 jetzt den Laden aufmachen, damit jeder von weitem sieht, dass wir zu Hause sind. Wir müssen das Licht brennen lassen und die Wohnungstür aufmachen, damit jeder eintreten kann.«

Der Mann machte eine unfreundliche Bewegung, und 30

---

irgendwo, hier oder da
schuldig, etwas Falsches getan haben

die Katze sprang von seinen Beinen. Die Frau hatte den Kopf auf den Tisch, auf die Jacke ihres Mannes gelegt. Es war jetzt so still, dass sie beide hören konnten, wie die Katze ihre Milch trank.

5 »Möchtest du das?«, fragte der Mann.

»Ja«, sagte die Frau.

»Auch die Wohnungstür?«, fragte der Mann.

»Ja, bitte«, sagte die Frau.

»Du bist doch gar nicht sicher, dass er es war, an der 10 Ecke«, meinte der Mann. Aber er stand schon auf und zog den Laden hoch, ganz bis oben hin. Dabei bemerkte er, dass alle anderen Läden heruntergelassen waren und dass nun der Schein der Küchenlampe wie ein Feuer in der Nacht war.

15 »Es ist doch möglich«, sagte er, »dass es der Helmuth war, den sie damals bei der *Messerstecherei* getötet haben.«

»Ja, das ist möglich«, sagte die Frau.

»Ja, und?«, fragte der Mann.

»Das tut nichts zur Sache«, sagte die Frau.

20 Der Mann ging, machte das Licht draußen an, und dann schloss er die Wohnungstür auf. Als er zurückkam, hob die Frau das Gesicht und lächelte ihn an.

»Jetzt kann jeder herein«, sagte er unzufrieden.

»Ja«, sagte die Frau und lächelte noch freundlicher.

25 »Jetzt«, sagte der Mann, »braucht niemand mehr die Glastür kaputtzuschlagen. Jetzt können sie plötzlich in der Küche stehen, mit dem Revolver in der Hand.«

»Ja«, sagte die Frau.

»Und was tun wir jetzt?«, fragte der Mann.

30 »Wir warten«, sagte die Frau. Sie zog den Mann neben sich auf die Bank.

---

die Messerstecherei, mit Messern kämpfen

»Jetzt kannst du auch das Radio anmachen«, sagte die Frau.

Es kam eine Musik, die fremd und gar nicht wie richtige Musik war, aber heute war es ihnen gleich. Die Frau hatte ihren Kopf an die *Schulter* des Mannes gelegt und machte die Augen zu. Auch der Mann machte die Augen zu, weil das Licht so hell war und weil er müde war. »Verrückt«, dachte er, »da sitzen wir und warten auf die *Totschläger*, und vielleicht war es gar nicht der Junge. Vielleicht ist der Junge tot.« Er merkte schon, dass seine Frau am Einschlafen war. Wenn sie schlief, wollte er den Laden herunterlassen und die Tür zuschließen. Sie hatte aber schon lange, viele Jahre nicht so an seiner Schulter geschlafen. Sie tat es wie früher und war überhaupt dieselbe wie früher, nur das Gesicht ein bisschen älter. Und weil alles so war wie früher, wollte er seine Schulter nicht wegziehen. Es war auch möglich, dass sie dabei *aufwachte* und alles von neuem begann ... »Von neuem«, dachte er, »von vorne. Wir wollten doch ein Kind haben, immer habe ich mir ein Kind gewünscht, und wir bekommen keines. - Da, *Schwester*, das da in der dritten Reihe -, und kommt nicht jemand die Treppe herauf, ein Junge? Nicht aufmachen, sagten sie. Also still, ganz still. Still, ganz still ... wir haben ihn nicht lieb gehabt. Aus dem Kleinen ist ein wildes Tier geworden.

Herein, meine Herren, alle Türen sind offen. Schießen Sie, meine Frau will es nicht anders. Es tut nicht weh.«

»Es tut nicht weh«, sagte er, halb im Schlaf schon und zu laut. Die Frau öffnete die Augen und lächelte. Und dann schliefen sie beide. Sie merkten nicht, wie später

---

die Schulter, siehe Zeichnung auf Seite 34
der Totschläger, ein Mensch, der einen anderen tötet
aufwachen, wach werden
die Schwester, hier: eine Frau, die Kranke pflegt

die Katze durch das Fenster hinaussprang, wie der Schnee vom Dach fiel und der warme Wind das Fenster bewegte und wie endlich der Morgen kam. Sie schliefen, tief und ruhig, und niemand kam, um sie zu töten. Es kam über-
5 haupt niemand, die ganze Nacht.

Fragen

1. Wo leben der Mann und die Frau?

2. Warum schließen sie alle Türen und Fenster fest zu?

3. Wer ist Hellmuth?

4. Warum war Hellmuth nie ganz glücklich?

5. Was haben sie getan, als Hellmuth bei ihnen Hilfe suchte?

6. Wo war Hellmuth weggelaufen?

7. Was fühlen sie, wenn sie an Hellmuth denken?

8. Warum sind sie nicht sicher, dass Hellmuth tot ist?

9. Welche Bitte hat die Frau an ihren Mann?

10. Warum sind sie ruhiger, als sie die Türen und Fenster geöffnet haben?

11. Wovon träumt der Mann?

DAS DICKE KIND

Es war Ende Januar, bald nach den Weihnachtsferien, als
das dicke Kind zu mir kam. Ich hatte in diesem Winter
5 angefangen, den Kindern der Nachbarn Bücher zu lei-
hen. Sie sollten sie an einem bestimmten Tag holen und
zurückbringen. Natürlich kannte ich fast alle diese Kinder; aber es kamen auch manchmal fremde, die nicht in
unserer Straße wohnten. Viele von ihnen blieben nur
10 ganz kurze Zeit; doch gab es einige, die sich setzten und
gleich zu lesen begannen. Dann saß ich an meinem
Schreibtisch und arbeitete. Die Kinder saßen an dem
kleinen Tisch bei der Bücherwand. Sie waren mir ange-
nehm und störten mich nicht.
15   Das dicke Kind kam an einem Freitag oder Samstag.
Der Tag für die Bücher war es nicht. Ich wollte später
weggehen und hatte mir gerade *Butterbrote* gemacht, die

das Butterbrot

ich ins Zimmer trug. Kurz vorher hatte ich Besuch
gehabt, und dieser hatte wohl vergessen, die Eingangstür
20 zu schließen. So kam es, dass das dicke Kind plötzlich vor
mir stand. Es war ein Mädchen von vielleicht zwölf Jahren in einem unmodernen Mantel und schwarzen, dicken
Gamaschen. In der Hand hatte es ein Paar *Schlittschuhe*. Es
erschien mir bekannt und doch nicht richtig bekannt.
25 Weil es so leise hereingekommen war, hatte es mir Angst
gemacht.

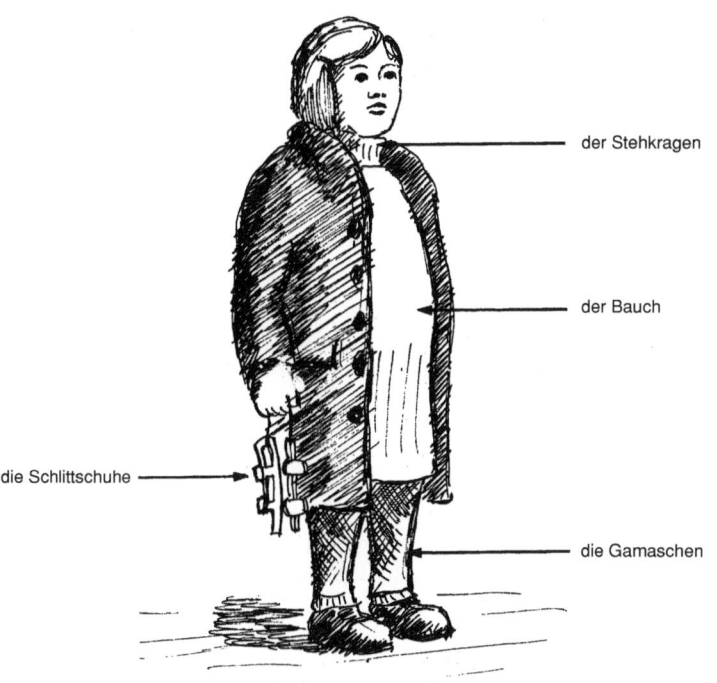

der Stehkragen

der Bauch

die Schlittschuhe

die Gamaschen

»Kenne ich dich?«, fragte ich.

Das dicke Kind sagte nichts. Es stand nur da und legte die Hände auf dem runden *Bauch* zusammen und sah mich mit wasserhellen Augen an.

»Möchtest du ein Buch?«, fragte ich.   5

Das dicke Kind gab wieder keine Antwort. Ich zog ein paar Bücher heraus und legte sie vor das fremde Mädchen hin.

Dann fing ich an, eine Leihkarte zu schreiben.

»Wie heißt du überhaupt?«, fragte ich.   10

»Sie nennen mich die Dicke«, sagte das Kind.

»Soll ich dich auch so nennen?«, fragte ich.

»Es ist mir gleich«, sagte das Kind. Es lächelte nicht.

Ich glaube, dass ich auf seinem Gesicht einen Augenblick ein Zeichen von Schmerz sah.

»Wann bist du *geboren*?«, fragte ich weiter.

»Im *Wassermann*«, sagte das Kind ruhig.

5   Diese Antwort machte mir Spaß, und ich schrieb sie auf die Karte. Dann sah ich wieder auf die Bücher.

»Möchtest du etwas Bestimmtes?«, fragte ich.

Aber dann bemerkte ich, dass das fremde Kind gar nicht auf die Bücher sah, sondern auf den Tisch, auf dem

10   mein Tee und meine Brote standen.

»Vielleicht möchtest du etwas essen?«, fragte ich.

Das Kind sagte ja und begann, meine Brote eins nach dem andern zu essen. Es tat dies auf eine besondere Weise, die ich erst später verstand. Dann saß es wieder da und

15   ließ seine langsamen, kalten Blicke durch das Zimmer gehen. Etwas in seiner Art gab mir ein unangenehmes Gefühl. Ja gewiss, ich habe dieses Kind von Anfang an *gehasst*: seine *Faulheit*, sein hübsches, fettes Gesicht, seine müde und doch fordernde Art zu sprechen. Ich wollte

20   nun nicht mehr spazieren gehen, sondern mit dem Kind im Hause bleiben. Und doch war ich überhaupt nicht freundlich zu ihm, sondern hart und kalt.

Man kann es doch nicht besonders freundlich nennen, dass ich nun meine Arbeit nahm und nur kurz sagte: »Lies

25   jetzt«. Ich wusste doch ganz genau, dass das fremde Kind gar nicht lesen wollte. Und ich saß da und wollte schreiben und konnte nicht. Ich hatte ein merkwürdiges Gefühl - so, als ob man etwas erraten soll und rät es nicht; - und erst wenn man es geraten hat, kann alles so werden wie

---

geboren, auf die Welt gekommen
Wassermann, astrologisches Sternzeichen, halb Mann, halb Fisch
hassen, überhaupt nicht mögen
die Faulheit, von: faul

vorher. Und eine Zeit hielt ich das aus, aber nicht sehr lange. Ich begann eine Unterhaltung, und mir fielen nur die dümmsten Fragen ein.

»Hast du Brüder oder Schwestern?«, fragte ich.

»Ja«, sagte das Kind. 5

»Gehst du gern in die Schule?«, fragte ich.

»Ja«, sagte das Kind.

»Was magst du am liebsten?«

»Ich weiß es nicht«, sagte das Kind.

»Vielleicht Deutsch?«, fragte ich. 10

»Ich weiß es nicht«, sagte das Kind.

Und wie es da saß in seinem *haarigen* Mantel, sah es aus wie eine fette *Raupe*. Wie eine Raupe hatte es auch gegessen, und wie eine Raupe bewegte es nun wieder seine Nase.

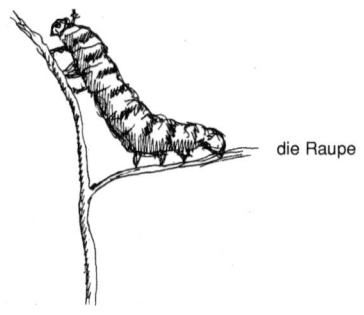

die Raupe

»Jetzt bekommst du nichts mehr«, dachte ich. Aber 15 dann ging ich doch hinaus und holte Brot und Wurst. Und das Kind sah es an mit seinem leeren Gesicht, und dann fing es an zu essen. Wie eine Raupe hat es gegessen, langsam und sicher, und ich betrachtete es böse.

Nun war es schon so weit, dass ich alles an diesem 20 Kind hasste. »Was für ein dummes weißes Kleid, was für

---

haarig, voll Haar

43

ein hässlicher *Stehkragen*!«, dachte ich, als das Kind seinen Mantel öffnete. Ich setzte mich wieder an meine Arbeit, aber dann hörte ich das Kind hinter mir essen, und ich dachte: »Was willst du von mir, geh fort, geh
5 fort!« Und ich hatte Lust, das Kind aus dem Zimmer zu stoßen wie ein Tier. Aber dann sprach ich nur wieder mit ihm, und es war wieder auf die gleiche böse Art.

»Gehst du jetzt auf das *Eis*?«, fragte ich.

»Ja«, sagte das dicke Kind.

10 »Kannst du gut auf Schlittschuhen laufen?«, fragte ich.

»Meine Schwester kann gut«, sagte das Kind. Wieder sah ich ein kurzes Zeichen von Schmerz auf seinem Gesicht.

»Wie sieht deine Schwester aus?«, fragte ich. »Wie du?«

15 »O nein«, sagte das dicke Kind. »Meine Schwester ist ganz dünn und hat schönes schwarzes Haar. Im Sommer, beim *Gewitter*, steht sie nachts auf und singt.«

»Und du?«, fragte ich.

»Ich bleibe im Bett«, sagte das Kind, »ich habe Angst.«

20 »Deine Schwester hat keine Angst, nicht wahr?«, sagte ich.

»Nein«, sagte das Kind, »sie hat niemals Angst. Sie springt auch vom höchsten Brett, und dann schwimmt sie weit hinaus.«

25 »Was singt deine Schwester?«, fragte ich.

»Sie singt, was sie will. Sie macht alles«, sagte das dicke Kind traurig.

»Und du?«, fragte ich.

»Ich tue nichts«, sagte das Kind. Und dann stand es
30 auf und sagte: »Ich muss jetzt gehen.« Ich gab ihm meine

---

der Stehkragen, siehe Zeichnung auf Seite 41
das Eis, gefrorenes Wasser

das Gewitter

Hand, und es legte seine dicken Finger hinein. Ich weiß
nicht genau, was ich fühlte. Es war etwas wie eine Bitte,
ihm zu folgen.

»Komm einmal wieder«, sagte ich, aber ich meinte es
nicht. Das Kind sagte nichts und sah mich mit seinen 5
kühlen Augen an. Dann war es fort. Aber die Tür war
kaum zu, da lief ich schon auf den *Gang* hinaus und zog
meinen Mantel an. Ich rannte ganz schnell und erreich-
te die Straße gerade, als das Kind um die nächste Ecke
verschwand. 10

»Ich muss doch sehen, wie die Raupe auf Schlittschuhen läuft«, dachte ich. »Ich muss doch sehen, wie sich
diese Fettkugel auf dem Eis bewegt.« Und ich ging
schneller, um das Kind nicht aus den Augen zu verlieren.

---

der Gang, schmaler Raum mit Türen zu den Zimmern

Ich hatte als Kind einige Jahre in dieser Stadt gewohnt, aber ich kannte sie nicht mehr gut. Ich wusste bald nicht mehr, welchen Weg wir gingen. Die Straßen und Plätze waren mir völlig fremd. Es wurde dunkel, und
5 ich bemerkte plötzlich, dass die Luft sich verändert hatte. Es war sehr kalt gewesen, und nun wurde es langsam wärmer.

Wir kamen vor die Stadt hinaus, dorthin, wo die Häuser große Gärten haben. Und dann waren gar keine Häu-
10 ser mehr da, und das Kind verschwand plötzlich. Ich hatte erwartet, nun das Eis zu sehen, hell und *glänzend*, voll Schreien und Musik. Aber nein - dort unten lag der *See*,

der Dampfersteg

der See

---

glänzend, hell

ganz still in den schwarzen Wäldern. Ich hatte geglaubt, dass sie überall an seinen Ufern Häuser gebaut hatten. Aber er sah genau wie früher aus.

Bei diesem Anblick hatte ich beinahe das fremde Kind vergessen. Aber dann sah ich es wieder. Es saß am Ufer 5 und versuchte, ein Bein über das andere zu legen, um die Schlittschuhe festzumachen. Es wurde immer dunkler. Der *Dampfersteg* stand tiefschwarz über dem Wasser, das wie Silber glänzte. Dunkle Flecken zeigten, wo das Eis weich wurde. 10

»Mach doch schnell!«, rief ich, und die Dicke machte nun wirklich schneller. Draußen, vor dem Ende des langen Dampfersteges, schrie nämlich jemand: »Komm, Dicke«, - ein feines, leichtes Kind. Dies musste die Schwester sein. Und ich wusste, dass ich gewünscht hatte, sie zu 15 sehen. Zugleich erkannte ich die Gefahr, in der die Kinder waren. Aber weder die Dicke noch ihre Schwester merkten etwas. Die Dicke machte sich nun auf den Weg, und immer weiter hinaus lief sie. Die Schwester draußen lachte und drehte sich auf der *Spitze* ihres Schlittschuhs. 20 Die Dicke hatte Angst vor den schwarzen Stellen, sie wollte um sie herumfahren und fuhr dann doch hinüber. - Und dann lief plötzlich die Schwester davon, fort, weit fort, zum anderen Ufer.

»Ich konnte das alles genau sehen. Ich hatte nämlich 25 angefangen, auf den Dampfersteg hinauszugehen, immer weiter. Ich konnte nun auch die *Risse* sehen, die jetzt überall kamen. Und dann sah ich natürlich auch, wie unter dem dicken Kinde das Eis zerbrach.

Ich muss gleich sagen, dass es nicht lebensgefährlich 30

---

der *Riss*, von: reißen
die *Spitze*, siehe Zeichnung auf Seite 48

47

die Spitze ⟶

war. Wenn die Dicke nur ein paar Schritte durch das eis-
kalte Wasser ging, konnte sie den Dampfersteg erreichen.
Dort konnte sie sich hinaufziehen, und ich konnte ihr
dabei helfen. Aber ich dachte trotzdem gleich: »Sie wird
5 es nicht können«, und es sah auch so aus, wie sie dastand.
»Der Wassermann«, dachte ich, »jetzt zieht er sie hinunter.« Und ich fühlte überhaupt nichts dabei und rührte
mich nicht.

Aber nun hob die Dicke plötzlich den Kopf. Der Mond
10 war hinter den Wolken erschienen, und ich konnte deut-
lich ihr Gesicht sehen. Es waren dieselben Züge und doch
nicht dieselben; voll *Willen* und nun, in der Todesgefahr,
voll Leben. Ich blickte in das weiße Gesicht unter mir,
und wie ein Spiegelbild sah es mich an.

15 Nun hatte das dicke Kind den Dampfersteg erreicht. Es
begann, sich mit den Händen hochzuziehen. Sein Körper
war zu schwer, es fiel wieder zurück, doch immer wieder
begann es von vorn. Nun wollte ich dem Kinde gerne
helfen, aber ich wusste, dass ich es nicht brauchte. Ich
20 hatte es erkannt ...

Von dem Weg nach Hause an diesem Abend weiß ich
nichts mehr. Ich weiß nur, dass ich einer Nachbarin von
dem See erzählte, und dass es dort noch ein Ufer mit
Wiesen und schwarzen Wäldern gibt. Doch sie antworte-

---

der Wille, das Wollen

te: »Nein, das gibt es nicht.« Und ich weiß, dass ich die Papiere auf meinem Schreibtisch in Unordnung fand und zwischen ihnen ein altes Bildchen von mir selbst: in einem weißen Kleid mit Stehkragen, mit wasserhellen Augen und sehr dick. 5

Fragen

1. Warum kommen die Kinder der Nachbarn ins Haus?

2. Welches Gefühl hat die Frau, als sie das dicke Kind sieht?

3. Wie spricht sie mit dem Mädchen?

4. Was erzählt das dicke Kind über sich selbst?

5. Was erzählt das dicke Kind von seiner Schwester?

6. Warum folgt die Frau dem Kind?

7. Wohin geht das dicke Kind?

8. Wie sieht es am See aus?

9. Was geschieht auf dem Eis?

10. Warum hilft die Frau dem dicken Kind nicht?

11. Was findet die Frau, als sie nach Hause kommt?

12. Wer war das dicke Kind wirklich?

DAS WUNDER

Der Umgang mit Don Crescenzo ist schwierig, weil er überhaupt nichts hören kann. Trotzdem kann man ein Gespräch mit ihm nicht einfach damit anfangen, dass man etwas auf einen Zettel schreibt. Man muss so tun, als gehörte er noch dazu, als wäre er noch ein Teil unserer lauten Welt.

Als ich Don Crescenzo fragte, wie das an Weihnachten gewesen war, saß er auf einem der Stühle am Eingang seines Hotels. Es war 6 Uhr und ganz still, und ich setzte mich auf den anderen Stuhl. Ich wiederholte meine Frage. Don Crescenzo hob die Hände gegen seine Ohren und sagte: »Nein.« Dann zog er Papier und einen Bleistift aus der Tasche, und ich schrieb das Wort »*Natale*« und sah ihn fragend an.

Ich werde jetzt gleich anfangen, meine Weihnachtsgeschichte zu erzählen, die aber in Wirklichkeit Don Crescenzos Geschichte ist. Aber vorher muss ich noch etwas über diesen Don Crescenzo sagen. Meine Leser müssen wissen, wie arm er einmal war und wie reich er jetzt ist. Er ist Herr über hundert Leute, die für ihn arbeiten, und Besitzer von großen Weingärten und von sieben Häusern. Sie müssen sich sein Gesicht denken, das mit jedem Jahr, in dem er nichts hören kann, freundlicher wird. Sie müssen ihn vor sich sehen, wie er unter den Besuchern seines Hotels umhergeht, aufmerksam und traurig und sehr allein. Und dann müssen sie auch erfahren, dass er sehr gern aus seinem Leben erzählt und dass er dabei nicht schreit, sondern mit leiser Stimme spricht.

---

das Wunder, ein Geschehen, das man nicht erklären kann
Natale (ital.), Weihnachten

Oft habe ich ihm zugehört, und natürlich war mir auch die Weihnachtsgeschichte schon bekannt. Ich wusste, dass sie mit der Nacht anfing, in der der Berg kam. Ja, so hatten sie geschrien: »Der Berg kommt!«, und sie hatten
5 das Kind aus dem Bett gerissen und waren auf den schmalen Weg gelaufen. Er war damals sieben Jahre alt. Wenn Don Crescenzo davon berichtete, hob er die Hände an die Ohren, um zu zeigen, dass diese Nacht gewiss der Grund seiner Krankheit war.

10 »Ich war sieben Jahre alt und war krank«, sagte Don Crescenzo und hob die Hände gegen die Ohren. »Wir waren alle im *Nachthemd*, und das war es auch, was uns blieb, als der Berg unser Haus ins Meer gerissen hatte. Das Hemd auf dem Leibe, sonst nichts.

15

das Nachthemd

20

Wir wurden von *Verwandten* aufgenommen. Andere Verwandte haben uns später das Stück Land gegeben; dasselbe, auf dem jetzt das Hotel steht. Meine Eltern haben dort ein Haus gebaut, noch bevor der Winter kam.
25 Mein Vater hat die Bauarbeiten gemacht, und meine Mutter hat die Steine in *Säcken* zu ihm hinuntergetragen. Sie war klein und schwach. Wenn sie glaubte, dass niemand sie sah, setzte sie sich einen Augenblick auf die Treppe und weinte.
30 Gegen Ende des Jahres war das Haus fertig, und wir schliefen auf dem Fußboden und froren sehr.«

---

die Verwandten, Personen, die zur gleichen Familie gehören

»Und dann kam Weihnachten«, sagte ich und zeigte auf das Wort »Natale«, das auf dem einen Zettel stand.

»Ja«, sagte Don Crescenzo, »dann kam Weihnachten, und an diesem Tage war ich so traurig, wie in meinem ganzen Leben nicht. Mein Vater war Arzt, aber einer von denen, die keine Rechnungen schreiben. Wenn die Leute fragten, was sie bezahlen sollten, sagte er, zuerst müssten sie die *Arzneien* kaufen und dann das Fleisch für die Suppe. Danach wollte er ihnen sagen, wie viel. Aber er sagte es nie. Er kannte die Leute hier sehr gut und wusste, dass sie kein Geld hatten. Er konnte sie einfach nicht drängen. Auch damals nicht, als wir alles verloren hatten und das letzte Geld für dem Hausbau gebraucht wurde. Er versuchte es einmal, kurz vor Weihnachten. An dem Tage verbrannten wir unser letztes Holz im *Herd*. An diesem Abend brachte meine Mutter eine Menge weißer Zettel nach Hause und legte sie vor meinen Vater hin. Dann nannte sie ihm eine Reihe von Namen, und mein Vater schrieb die Namen auf die Zettel und jedesmal ein paar Zahlen dazu. Aber als er damit fertig war, stand er auf und warf die Zettel in das Herdfeuer. Das Feuer brannte sehr schön, und ich freute mich darüber, aber meine Mutter sah meinen Vater traurig und böse an.

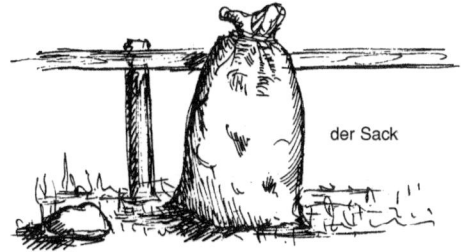

der Sack

---

die Arznei, Mittel gegen Krankheit
der Herd, die Kochstelle

53

So kam es, dass wir am vierundzwanzigsten Dezember kein Holz mehr hatten, kein Essen und keine Kleider, die anständig genug waren für die *Kirche*. Ich glaube nicht, dass meine Eltern sich darüber viele Gedanken machten.
5 *Erwachsene*, denen so etwas geschieht, glauben gewiss, dass es ihnen schon einmal wieder besser gehen wird, und dass sie dann essen und trinken und dafür danken können, wie sie es so oft getan haben. Aber für ein Kind ist das etwas ganz anderes. Ein Kind sitzt da und wartet auf
10 das Wunder, und wenn das Wunder nicht kommt, ist alles aus und vorbei ...«

die Kirche

Bei diesen Worten sah Don Crescenzo auf die Straße hinaus, so als ob dort etwas seine Aufmerksamkeit gefangen hätte. Aber dabei versuchte er nur, seine *Tränen*
15 nicht zu zeigen.

---

die Erwachsenen, große Leute, nicht mehr Kinder
die Tränen, Wasser in den Augen

»Unser Weihnachten«, fuhr er nach einer Zeit fort, »ist gewiss ganz anders als die Weihnachten bei Ihnen zu Hause. Es ist ein sehr lautes, sehr fröhliches *Fest*. Das Jesuskind wird herumgetragen, die Musik spielt. Die Kinder rufen und schreien, und das schwarze Meer *rauscht* so laut, als ob es vor Freude weint und singt. Das ist unser Weihnachten, und der ganze Tag vergeht mit Vorbereitungen dafür, und in allen Häusern wird gebraten und gebacken.

So war es auch bei uns gewesen, so lange ich denken konnte. Aber in der Weihnacht, die auf den *Bergsturz* folgte, war es in unserem Hause ganz still. Es brannte kein Feuer, und darum blieb ich so lange wie möglich auf der Straße, weil es dort immer noch ein wenig wärmer war als im Haus. Ich saß auf den Stufen und sah zur Straße hinauf, wo die Leute vorübergingen, und wo die Wagen mit ihren schwachen Öllämpchen kamen und wieder verschwanden. Eine Menge Leute waren auf dem Weg. Bauern, die mit ihren Familien in die Kirche fuhren, und andere, die noch etwas zu verkaufen hatten: Eier und lebendige Hühner und Wein. Als ich da saß, konnte ich die Hühner hören und das lustige Reden der Kinder. Ich sah jedem Wagen nach, bis er verschwand. Dann wandte ich den Kopf wieder und sah nach einem neuen Wagen. Als es auf der Straße stiller wurde, dachte ich, dass das Fest begonnen hatte. Aber ich hörte nichts als das Meer, das gegen die Steine schlug. Ich war sehr hungrig und wollte mein Essen haben, Fleisch und Süßes und Wein. Aber vorher wollte ich mein Fest haben, mein schönes Fest ...

---

das Fest, eine Gelegenheit, zu der viele fröhliche Menschen zusammenkommen
rauschen, Ton, den das Meer macht
der Bergsturz, siehe Zeichnung auf Seite 56

der Bergsturz

Und dann auf einmal veränderte sich alles auf eine unglaubliche Art. Die Schritte auf der Straße gingen nicht mehr vorüber, und die Wagen hielten an. Im Schein der Lampen sahen wir einen vollen Sack, der in unseren Garten geworfen wurde, und voll gepackte *Körbe*, die an 5 die Straße gestellt wurden. Holz fiel die Stufen herunter, und als ich vorsichtig die Treppe hinaufging, fand ich Eier, Hühner und Fisch. Es dauerte eine ganze Zeit, bis es still wurde und wir nachsehen konnten, wie reich wir plötzlich waren. 10

der Korb

Ich wusste in diesem Augenblick nicht, was meine Eltern vielleicht wussten: nämlich, dass die *Patienten* meines Vaters besprochen hatten, ihm eine Freude zu machen auf diese Art. Für mich fiel alles vom Himmel: die Eier und das Fleisch, das Herdfeuer und das schöne Hemd, das ich 15 fand und so schnell wie möglich anzog. »Lauf«, sagte meine Mutter, und ich lief die Straße hinunter, den langen, finsteren Weg, hin zu dem bunten Licht. Als ich in die Stadt kam, hörte ich die *Trommeln* und die *Pauken* und das

die Pauke

die Trommel

---

der Patient, der Kranke, der zum Arzt kommt

Geschrei und schrie aus *Leibeskräften* mit. Und dann fingen die großen Glocken laut zu tönen an.«

Don Crescenzo wurde still und lächelte vor sich hin. Gewiss hörte er sie jetzt wieder, alle diese lauten und wilden Töne, die er so lange nicht gehört hatte, und die ihm noch viel mehr als jedem anderen Menschen bedeuteten.

Ich sah ihn an, und dann nahm ich das Papier in die Hand. »Sie sollten schreiben, Don Crescenzo. Die Geschichte Ihres Lebens.« - »Ja«, sagte Don Crescenzo, »das sollte ich.« Einen Augenblick lang richtete er sich hoch auf, aber dann *schüttelte* er den Kopf. »Zu viel zu tun«, sagte er.

Und auf einmal wusste ich, was er mit all seinen Umbauten und Neubauten und allem anderen im Sinne hatte. Er wollte seine Kinder schützen vor dem Hunger, vor den traurigen Weihnachtsabenden und den Gedanken an eine Mutter, die Säcke voll Steine trägt und sich hinsetzt und weint.

die Glocke

---

aus Leibeskräften, so laut, wie man kann
schütteln, hin und her bewegen

Fragen

1. Warum ist der Umgang mit Don Crescenzo schwierig?

2. Was gehört dem reichen Don Crescenzo?

3. Welchen Beruf hatte Don Crescenzos Vater?

4. Wann müssen die Patienten den Arzt bezahlen?

5. Was tat Don Crescenzos Mutter, um Geld zu bekommen?

6. Was geschah, als Don Crescenzo sieben Jahre alt war?

7. Wer half ihnen, als sie kein Haus mehr hatten?

8. Wer baute das neue Haus?

9. Welches Wunder erlebte Don Crescenzo?

10. An welchem Tag geschah das Wunder?

11. Warum hat Don Crescenzo immer so viel zu tun?

DER *STROHHALM*

Kurz vor zwölf Uhr *mittags* habe ich den Brief gefunden. Ich habe ihn wirklich gefunden, nicht danach gesucht, 5 ihn nicht aus der Tasche des Anzugs geholt. Er hat aus einem Buch hervorgesehen, und das Buch hat nicht auf Felix' Nachttisch gelegen, sondern auf dem Tisch im Wohnzimmer, auf dem immer die Zeitungen liegen. Ich habe auch nicht den ganzen Brief gelesen, sondern nur 10 die ersten paar Worte: »So große *Sehnsucht* habe ich nach dir, geliebtes Herz.« Diese Worte habe ich zuerst gar nicht verstanden. Ich wollte überhaupt nur die Schrift ansehen, eine freie, schöne Schrift, und dann habe ich erst begriffen, was da stand. Ich habe gelacht, obwohl es 15 natürlich gar nichts zu lachen gab. Erst nach einigen Augenblicken kam ich auf den Gedanken, dass der Brief vielleicht an Felix war. Ich habe danach nicht weitergelesen, nur noch bis zum Ende der Seite. Dann habe ich den Brief zurückgelegt und das Buch wieder zugemacht. 20 Ich bin in die Küche gegangen und habe gedacht: »Da muss doch etwas sein, das schreibt man doch nicht einfach so.« Ich bin nicht in *Ohnmacht gefallen*, ich habe auch nicht geweint. Zum Weinen war ja auch gar kein Grund.

25 »So«, habe ich gedacht, »das letzte *Mal* zusammen essen. Das letzte Mal hören: Wie ist es dir gegangen, hat jemand angerufen? - Alles das letzte Mal. Aber warum? Was ist denn geschehen? Nichts ist geschehen, vieles ist

---

mittags, in der Mitte des Tages
die Sehnsucht, das Verlangen
in Ohnmacht fallen, wie tot umfallen
Mal, Zeitpunkt, Gelegenheit

der
Strohhalm

geschehen. Einen Schlag habe ich bekommen, aber ich will es nicht wissen.«

Und dann habe ich mich an den Tisch gesetzt, um die Kartoffeln zu *schälen*, aber auch um zu denken. Und als ich die erste Kartoffel geschält habe, bin ich sehr böse 5 geworden und habe gedacht:

»Ich kann so etwas tun, aber der Felix nicht. Ich kann es tun, weil ja doch alles Spaß ist. Nichts als Dummheit und nur für einen Augenblick. Man sieht die fremden Augen, und man weiß, man wird geliebt. Aber Männer 10 sind eben anders, bei Männern genügt das nicht ...«

Sechs Kartoffeln habe ich geschält, und dann habe ich Schluss gemacht, weil ich doch keinen Hunger hatte. Nur eine wollte ich essen, weil Felix ja nichts merken durfte. Über den Brief wollte ich ganz bestimmt nicht sprechen. 15

Kartoffeln schälen

Ich wusste schon, dass Worte etwas Schreckliches sind. Erst, was man mit Worten spricht, ist wirklich wahr. Also ging ich ins Schlafzimmer, um mich hübsch zu machen und glückliche junge Frau zu spielen. Später konnte man

5 weitersehen. Aber gerade in dem Augenblick klingelte es. Ich wollte zuerst gar nicht aufmachen, weil ich plötzlich Angst hatte vor allen Menschen. Aber ich habe dann doch aufgemacht, und es waren nur ein paar Sachen, die ich gekauft hatte. Ich habe die Sachen ausgepackt und sie

10 ins Badezimmer gelegt.

»Das muss sie jetzt alles lernen«, habe ich gedacht. »Welche *Seife*, welche *Zahnpasta*, und wie sie das Bett machen muss. Und die *Wärmflasche* ganz nach unten, - aber vielleicht will er die dann gar nicht mehr. Nein,

15 natürlich will er nichts so, wie er es hier gehabt hat. Noch einmal alles ganz neu.«

die Wärmflasche

So habe ich mit mir selbst geredet, während ich im Badezimmer gesessen und in den *Spiegel* gesehen habe. Nicht mehr ganz jung, ein paar *Falten*, vom Lachen, vom

20 Denken, vom Leben einfach. Von der Zeit, die vergeht.

---

die Seife, ein Mittel zum Waschen
die Zahnpasta, ein Mittel zur Pflege der Zähne
die Falte, die Linie

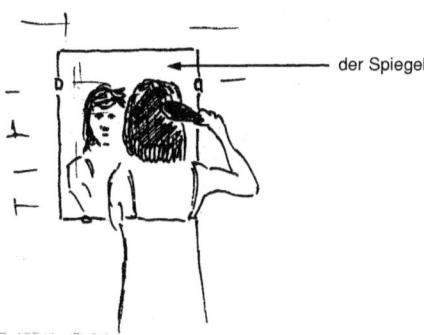

der Spiegel

Falten sind wie Wege, Wege zusammen mit ihm. Ich habe aber nicht daran gedacht, ob die Frau wohl jünger war als ich. Überhaupt beschäftige ich mich nicht damit, wer sie war. Es war mir gleich. Ich habe mir das Gesicht gewaschen und bin dann wirklich ins Schlafzimmer gegangen. 5

»Die Wohnung muss er mir lassen«, habe ich dabei gedacht. »Er kann sie doch nicht in mein Bett legen. Wenn ich die Wohnung behalte, kann ich *vermieten*. Das Zimmer vorne zum Beispiel. Da kann man in die Ecke das Bett stellen, eine hübsche Decke ist auch noch da. Die Lampe mit 10 dem grünen *Schirm*, nein, die passt nicht. Da muss ich einen anderen Schirm haben. Den Schrank kann ich hineinstellen, und Schrankpapier muss ich auch kaufen. Das hübsche mit den Schiffchen, das wollte ich schon lange.«

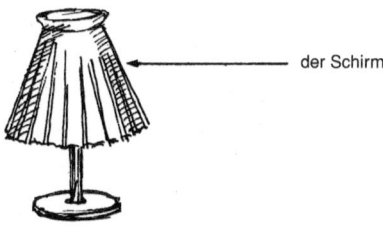

der Schirm

---

vermieten, eine Zeitlang gegen Bezahlung benutzen lassen

63

Über diese Gedanken habe ich mich dann selbst lustig gemacht. Was einem so alles in den Sinn kommt, nicht wahr? Und vielleicht ist der Brief schon ganz alt, und vielleicht ist alles schon lange vorbei. Vielleich ist es 5 noch nicht vorbei, aber es kann bald vorbei sein. Und dann habe ich an alle die guten Ratschläge gedacht, die man immer lesen kann. Nämlich, dass man dann den Tisch zum Essen ganz besonders hübsch machen soll und das neueste Kleid anziehen. »Möchtest du nicht ein Glas 10 Wein, Liebster, ich fühle mich so glücklich heute ...«

Das Telefon klingelte, aber nur einmal. Das geschieht manchmal, wenn einer merkt, dass er die falsche *Nummer* gewählt hat und den Hörer ganz schnell wieder hinlegt. Dabei habe ich gedacht, dass vielleicht Felix anruft, - und 15 warum habe ich denn plötzlich Tränen in den Augen? Aber das macht nichts, er sieht mich ja nicht. Er hört nur meine Stimme, und meine Stimme ist ganz weich und fröhlich. »Was sagst du? Du kommst nicht zum Essen? Ob das etwas macht? Aber natürlich nicht. Gar nichts macht 20 das. Ich bin sogar froh. Ich habe noch zu tun und will später noch weggehen. Nein, ich habe gar nichts Besonderes vorbereitet. Ich habe noch nicht einmal angefangen, das Essen zu kochen. Geht es dir gut, Liebster? Mir? Sehr gut. Es ist ja so ein schöner Tag. Bis heute Abend, ja ...«

25 Ja, so wollte ich es machen, ganz leicht, ganz frei. Und so wollte ich auch mit ihm reden, wenn er kam.

Es war halb zwei Uhr vorbei, und er musste doch jetzt schon da sein. Er kam selten zu spät nach Hause. Er hatte auch immer großen Hunger, und er wusste, dass es an 30 diesem Tag etwas Gutes gab. Aber vielleicht wusste er das auch gar nicht mehr. Vielleicht kam er so spät, weil er

---

die Nummer, die Zahl

noch mit ihr zusammen saß. Vielleicht sah er jetzt gerade auf die Uhr und sagte: »Es ist halb zwei vorbei. Sie wartet, ich muss nach Hause.«

»Sie wartet«, habe ich gedacht. »Sie, das bin ich.« Man darf mich nicht warten lassen. Man hat Angst vor mir. Aber das ist nicht das Wichtige. Das Wichtige ist die dritte Person. Ich bin die dritte Person. Die dritte Person, die böse Person, »sie«. Und er wird sagen:

»*Entschuldige*, aber ich liebe dich nicht mehr. Entschuldige, aber, bitte, gib mich frei.«

Natürlich wollte ich ihn freigeben. Bitte, geh nur, viel Glück auf den Weg. Ich brauche dich nicht zum Leben. Kein Mensch braucht einen andern zum Leben. Kein Mensch braucht einen andern zum Leben. Ich brauche auch die Wohnung nicht, und ich will auch kein Geld von dir. Ich kann ja wieder arbeiten. Das wollte ich schon lange, aber du wolltest es nicht.

Das ist mir durch den Sinn gegangen, während ich am Fenster gestanden habe und hinausgesehen habe. So ein schöner Februartag war es, hell und klar. Und jedes Jahr vergisst man wieder, wie stark das Licht im Februar schon sein kann. An solchen Tagen werfen die Leute in den Bergen *Strohpuppen* in ihre *Brunnen*. Das bedeutet: nun soll der Winter weg, weil der *Frühling* kommt. Wir haben das einmal zusammen gesehen, der Felix und ich. Wir haben schon viel zusammen erlebt, was schön war. Und jetzt will er sich wahrscheinlich gar nicht mehr daran *erinnern*. Jetzt soll alles nicht mehr gelten, sondern grau und tot sein.

---

entschuldigen, darum bitten, nicht böse zu sein
die Strohpuppe, der Brunnen, siehe Zeichnung auf Zeite 66 und 67
der Frühling, die Jahreszeit nach dem Winter
erinnern, noch daran denken

die Strohpuppe

der Brunnen

Und das ist das Schlimmste von allem. Die *Zukunft* soll es nicht mehr geben, aber die *Vergangenheit* auch nicht. Sie wird gleich mit in den Brunnen geworfen, diese hässliche, gelbe Strohpuppe. Jetzt kommt der Frühling, jetzt wird
5   alles ganz neu.

Zweimal bin ich schon vom Fenster weggetreten. Es kamen Leute vorbei, die mich kennen. Ich konnte mir denken, wie sie reden werden:

»Haben Sie schon gehört, die arme Frau?«

10   Ach, dummes Zeug, mit den Nachbarn will ich nichts zu tun haben. Ich werde auch nicht zu ihnen hinrennen wie die Herta damals und sagen: »Nach so vielen Jahren, und immer bin ich ihm eine gute Frau gewesen. Können Sie das verstehen?« Denn natürlich bin ich ihm keine
15   gute Frau gewesen, sonst will er doch nicht fort. Er lässt sich *zärtliche* Briefe schreiben und schreibt vielleicht selber zärtliche Briefe. Er hat Angst, nach Hause zu kommen und denkt: »Wie sage ich es ihr nur?«

Während der ganzen Zeit habe ich immer noch aus dem
20   Fenster gesehen, und auf einmal ist ein Mann um die Ecke gekommen. Der hat seine *Gestalt* gehabt und auch seine Art zu gehen und einen dunkelblauen Wintermantel. Mein Herz hat einen Sprung gemacht, und ich habe versucht, ein ganz ruhiges Gesicht zu machen. Aber ich merkte schon,
25   ich kann das nicht. Der Mann ist näher gekommen und war gar nicht Felix, sondern ein Fremder, und ich habe gedacht:

»Was soll das denn alles, - ich kann doch gleich fortgehen, noch *bevor* er kommt. Ich kann in die Stadt gehen

---

die Zukunft, die Zeit, die kommt
die Vergangenheit, die Zeit, die vorbei ist
zärtlich, voll Liebe
die Gestalt, die Form
bevor, vorher

und mich irgendwo hinsetzen und in die Luft gucken. Damit können ein paar Stunden vergehen. Nach ein paar Stunden kann ich dann ins *Kino* gehen, einmal und noch einmal, und dann ist es schon Nacht. Da ist es schon Nacht, und Felix muss die Polizei anrufen, - sehr unange- 5 nehm wird ihm das sein.«

Es war jetzt gleich zzwei Uhr, und ich konnte nicht mehr stehen. Ich habe mich auf einen Stuhl gesetzt und das Radio angemacht. Und dann hat wieder das Telefon geklingelt, aber nicht nur einmal. Ich habe gewusst: dies- 10 mal ist es wirklich der Felix, und er war es auch. Ich habe mich noch genau erinnert, was ich ihm sagen wollte. So wie ich es vorher geübt hatte. Leise Stimme, weiche Stim- me. Und dann kam es ganz anders heraus und zwar so:

»Ach so, du bist es.« (Falsch, falsch!) 15

»Was sagst du, du kommst nicht zum Essen?« (Ich fin- de den richtigen Ton nicht!)

das Kino

»Doch, ich verstehe schon. Es ist ja auch so schönes Wetter.«

»Davon merkst du nicht viel? Nein, natürlich nicht.«

»Ich bin merkwürdig? Wieso bin ich merkwürdig?«

5 »Nein, es ist nichts geschehen. Nichts, was für dich von Interesse ist.«

»Warum nicht? Ich glaube, das weißt du besser als ich.«

Und so weiter. Immer in diesem Ton, den ich nicht gewollt habe. Aber er hat sie aus mir herausgeholt, die

10 Strohpuppe, - so gedrückt und so hässlich. Und dann habe ich nur noch geredet, damit er den Hörer hinwirft, damit Schluss ist. Schluss mit allem. Aber er hat den Hörer nicht hingeworfen, und ich bin still gewesen, ganz still. »Bist du noch da?«, hat er gefragt, ganz lieb und ganz

15 ratlos. Dann hat er den Hörer aufgelegt und ich auch, und dann habe ich dagestanden. Ich habe mich gehasst, und ich habe auch ihn gehasst, weil ich *mich so benommen* habe. Dritte Person, böse Person, Strohpuppe im Brunnen. Jetzt konnte ich auch ruhig den Brief zu Ende lesen.

20 Jetzt war ich ja so, wie sie dachten. Wahrscheinlich war ich schon immer so, solange ich lebte, die ganze Zeit.

Ich bin also ins Wohnzimmer gegangen und habe angefangen, den Brief noch einmal zu lesen. Die erste Seite ganz schnell, die kenne ich schon. Auf der zweiten

25 Seite steht nur ganz wenig, und auf der dritten und vierten gar nichts mehr. Und dann steht da: »*Leb wohl*, liebster Franz, pass auf Dich auf. Ich *umarme* Dich, Maria.«

Leb wohl, liebster Franz, pass auf Dich auf, - leb wohl, liebster Franz ... Zehnmal habe ich das wiederholt und

---

sich benehmen, tun, handeln
leb wohl, auf Wiedersehen
umarmen, in die Arme nehmen

habe dumm gelacht, weil der Brief gar nicht für Felix war. Der Brief war an einen Herrn Franz Kopf. Der Name dieses Herrn stand auch in dem Buch. Und der Felix hat mit der ganzen Sache überhaupt nichts zu tun. Das habe ich mir gesagt, aber es war schwer zu verstehen. Ich sollte 5 doch jetzt froh sein und lachen und singen, aber nein. Ich habe dagesessen und gefühlt, dass ich in einen tiefen Brunnen gefallen war. Ich war auf dem Weg nach oben, aber komisch, - ich komme nicht ganz obenhin, und es wird nicht wieder ganz hell. 10

Den ganzen Nachmittag habe ich versucht, aus dem finsteren Brunnen zu steigen, und am Abend war ich endlich so weit. Als der Felix gekommen ist, habe ich gelacht und gesagt:

»Entschuldige, ich war so schlimm zu dir am Telefon. 15 Ich habe Kopfschmerzen gehabt, aber die sind jetzt zum Glück vorbei.«

»Sie müssen wohl vorbei sein«, hat der Felix gesagt, »denn du siehst ganz frisch aus.« Aber dann hat er plötzlich gefragt: »Was hast du denn da?« Und dabei hat er 20 mir etwas aus den Haaren gezogen, einen langen, hellen Strohhalm. Und bitte: wo kam der her?

Fragen

1. Wo und wann findet die Frau den Brief?

2. Wie viel Seiten des Briefes liest sie?

3. Was glaubt die Frau, als sie einen Teil des Briefes gelesen hat?

4. Was will die Frau tun, wenn Felix nach Hause kommt?

5. Warum möchte die Frau nicht wissen, wer den Brief geschrieben hat?

6. Wie denkt sie sich ihre Zukunft?

7. Womit vergleicht sie ihre Vergangenheit?

8. Wann liest sie den ganzen Brief?

9. An wen ist der Brief geschrieben?

10. Was für ein Gefühl hat sie, als sie den ganzen Brief gelesen hat?

www.easyreaders.eu

EASY READERS *Dänemark*
ERNST KLETT SPRACHEN *Deutschland*
EMC PUBLISHING LLC. *USA*
EUROPEAN SCHOOLBOOKS PUBLISHING LTD. *England*

Ein Verzeichnis aller bisher erschienenen EASY READERS
in deutscher Sprache finden Sie auf der vorletzten
Umschlagseite.
Diese Ausgabe ist gekürzt und vereinfacht und ist damit für
den Deutschlernenden leicht zu lesen.
Die Wortwahl und der Satzbau richten sich - mit wenigen
Ausnahmen - nach der Häufigkeit der Anwendung und
dem Gebrauchswert für den Leser.
Weniger gebräuchliche oder schwer zugängliche Wörter
werden durch Zeichnungen oder Fußnoten in leicht
verständlichem Deutsch erklärt.
EASY READERS sind unentbehrlich für Schule
und Selbststudium.
EASY READERS sind auch auf Französisch, Englisch, Spanisch,
Italienisch und Russisch vorhanden.